Dieses Buch gehört

Sandra Keller / Sybille Brauer

Meine allerersten Kinderlieder

PATTLOCH

Es war eine Mutter

Es war ei-ne Mut-ter, die

hat-te vier Kin-der: den

Früh - ling, den Som - mer, den

Herbst und den Win - ter.

Der Frühling bringt Blumen,
der Sommer den Klee.
Der Herbst, der bringt Trauben,
der Winter den Schnee.

Zum Geburtstag

Kräht der Hahn früh am Tag, kräht laut, kräht weit: Guten Morgen (Name des Kindes) dein Geburtstag ist heut.

6

Kommt das Häschen gesprungen,
macht Männchen vor Freud:
Guten Morgen, liebe . . . .,
dein Geburtstag ist heut.

Steht der Kuchen auf dem Tisch,
macht sich dick, macht sich breit:
Guten Morgen, liebe . . . .
dein Geburtstag ist heut.

Kuckuck, Kuckuck

Ku - ckuck!   Ku - ckuck!

ruft's aus dem Wald.

Las - set uns sin - gen,

tan - zen und sprin - gen!

Früh - ling! Früh - ling!

wird es nun bald.

Kuckuck, Kuckuck lässt nicht sein Schrein:
Kommt in die Felder, Wiesen und Wälder!
Frühling, Frühling, stelle dich ein!

Kuckuck, Kuckuck, trefflicher Held!
Was du gesungen, ist dir gelungen:
Winter, Winter räumet das Feld.

Alle Vögel sind schon da

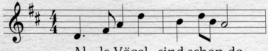

Al - le Vögel sind schon da,

al - le Vögel al - le!

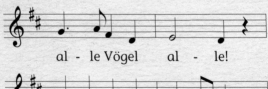

Welch ein Singen, Musizier'n,

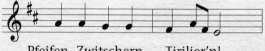

Pfeifen, Zwitschern,   Tirilier'n!

Frühling will nun   einmarschier'n,

kommt mit Sang und   Schal- le.

Wie sie alle lustig sind,
flink und froh sich regen!
Amsel, Drossel, Fink und Star
und die ganze Vogelschar
wünschen uns ein frohes Jahr,
lauter Heil und Segen.

Was sie uns verkünden nun,
nehmen wir zu Herzen:
Wir auch wollen lustig sein,
lustig wie die Vögelein,
hier und dort, feldaus, feldein,
singen, springen, scherzen.

Alle meine Entchen

Al - le mei - ne Ent - chen

schwim - men auf dem See,

Das Froschkonzert

Kanon zu drei Stimmen

Heut ist Kon - zert bei den

Frö- schen am Teich,

2.

gro - ße Frösch', klei - ne Frösch'

qua - ken zu - gleich!

3.

Quak quak quak quak

quak quak quak quak!

Hopp, hopp, hopp

Hopp, hopp, hopp!

Pferdchen, lauf Galopp!

Über Stock und über Steine,

aber brich dir nicht die Beine!

Hopp, hopp, hopp!

Pferdchen, lauf Ga - lopp!

Tip, tip, tap!
Wirf mich nur nicht ab!
Zähme deine
wilden Triebe,
Pferdchen, tu es mir zu liebe!
Tip, tip, tap!
Wirf mich nur nicht ab!

Brr, brr, he!
Steh doch, Pferdchen, steh!
Sollst schon heut noch weiterspringen,
muss dir erst noch Futter bringen.
Brr, brr, he!
Steh doch, Pferdchen, steh!

Ri-ra-rutsch

Ri - ra - rutsch, wir
fah-ren mit der Kutsch! Wir
fah-ren mit der Schne-cken-post,
weil sie kei-nen Pfen-nig kost.

Ri - ra - rutsch, wir

fah- ren mit der Kutsch.

Lachend, lachend ...

Kanon zu vier Stimmen

La - chend,   la - chend,

la - chend,   la - chend

3. kommt der Som - mer
ü - bers Feld,
ü - bers Feld kommt er
la - chend, ha ha ha,
la - chend ü - bers Feld.

27

Ringel, Ringel, Reihe

Ringel, Ringel, Rei - he,

sind der Kinder drei - e,

sitzen unterm Hollerbusch,

schreien alle „Husch–husch–husch"!

Taler, Taler, ...

Ta - ler, Ta - ler, du musst

wandern, von der einen Hand zur

andern. Das ist schön, das ist

schön, Taler, lass dich ja nicht sehn!

Backe, backe Kuchen

Backe, backe Kuchen, der
Bäcker hat ge - ru - fen!
Wer will guten Kuchen backen,
der muss haben sieben Sachen:
Eier und Schmalz, Butter und Salz,

Milch und Mehl, Safran macht den

Kuchen gehl.

Schieb, schieb in

Ofen nein!

Zehn kleine Zappelmänner

Zehn klei-ne Zap-pel-män-ner

zap-peln hin und her.

Zehn klei-nen Zap-pel-män-nern

fällt das gar nicht schwer.

Zehn kleine Zappelmänner
zappeln auf und nieder.
Zehn kleine Zappelmänner
tun das immer wieder.

Zehn kleine Zappelmänner
zappeln rings herum.
Zehn kleine Zappelmänner
sind ja gar nicht dumm.

Zehn kleine Zappelmänner
kriechen ins Versteck.
Zehn kleine Zappelmänner
sind auf einmal weg.

Große Uhren, kleine Uhren

Kanon zu drei Stimmen

1. Gro - ße Uh - ren ge - hen

tick tack tick tack,

2. klei - ne Uh - ren ge - hen

tik - ke tak - ke tik - ke tak - ke,

3.

und die kleinen Taschenuhren

tikke takke tikke takke tick!

He, ho, spann den Wagen an

Kanon zu drei Stimmen

He, ho, spann den Wagen an!

Seht, der Wind treibt

Re - gen ü - bers Land!

3.

Holt die vol - len Gar - ben,

holt die vol - len Gar - ben!__

Schlaf, Kindlein, schlaf

Schlaf, Kindlein, schlaf, dein
Vater hüt' die Schaf, die
Mutter schüttelt's Bäumelein, da
fällt herab ein Träumelein,
schlaf, Kindlein, schlaf.

Schlaf, Kindlein, schlaf,
am Himmel ziehn die Schaf.
Die Sternlein sind die Lämmerlein,
Der Mond, der ist das Schäferlein.
Schlaf, Kindlein, schlaf.

Schlaf, Kindlein, schlaf,
so schenk' ich dir ein Schaf
mit einer goldnen Schelle fein,
das soll dein Spielgeselle sein.
Schlaf, Kindlein, schlaf.

Laterne, Laterne

Laterne, Laterne,

Sonne, Mond und

Sterne. Brenne

auf mein Licht, brenne

auf mein Licht, aber

nur mei-ne lie-be La

ter - ne nicht!

Laterne, Laterne,
Sonne, Mond und Sterne.
Es zieht voran, es zieht voran,
Sankt Martin mit dem Mantel an.

Laterne, Laterne,
Sonne, Mond und Sterne.
In dunkler Nacht, in dunkler Nacht,
die Laterne ihr helles Licht entfacht.

Niklas ist ein braver Mann

Niklas ist ein braver Mann.

Bringt den kleinen Kindern was, die

großen lässt er lau - fen, die

können sich was kau - fen.

Alle Jahre wieder

Al - le Jah-re wie - der

kommt das Chri-stus-kind

auf die Er - de nie - der,

wo wir Menschen sind.

Kehrt mit seinem Segen
ein in jedes Haus,
geht auf allen Wegen
mit uns ein und aus.

Ist auch mir zur Seite
still und unerkannt,
dass es treu mich leite
an der lieben Hand.

Die Deutsche Bibliothek – CIP-Einheitsaufnahme

Meine allerersten Kinderlieder / ausgew. von Sandra Keller
und ill. von Sybille Brauer – Augsburg : Pattloch 1999
ISBN 3-629-00338-9

Pattloch Verlag, Augsburg
©1999 Weltbild Verlag GmbH
Satz und Layout: Ruth Bost, Pattloch Verlag Augsburg
Gesetzt aus Stone Informal
Notensatz: Elisabeth Kemper, Oberammergau
Reproduktion: Fotolito Longo, I-Bozen
Druck und Bindung: Appl, Wemding
Printed in Germany

ISBN 3–629–00338–9